Rosette Poletti & Barbara Dobbs

Caderno de exercícios para aumentar a autoestima

Ilustrações de Jean Augagneur

Tradução de Stephania Matousek

EDITORA
VOZES

Petrópolis

© Éditions Jouvence, 2008
Chemin du Guillon 20
Case 184
CH-1233 — Bernex
http://www.editions-jouvence.com
info@editions-jouvence.com

Conselheiros
Elói Dionísio Piva
Francisco Morás
Gilberto Gonçalves Garcia
Ludovico Garmus
Teobaldo Heidemann

Tradução realizada a partir do original em francês intitulado *Petit cahier d'exercices d'estime de soi*

Secretário executivo
Leonardo A.R.T. dos Santos

Direitos de publicação em língua portuguesa — Brasil:
2010, Editora Vozes Ltda.
Rua Frei Luís, 100
25689-900 Petrópolis, RJ
www.vozes.com.br
Brasil

Editoração: Frei Leonardo Pinto dos Santos
Projeto gráfico: Éditions Jouvence
Arte-finalização: Lara Kuebler
Capa/ilustração: Jean Augagneur
Arte-finalização: Bruno Margiotta

Todos os direitos reservados. Nenhuma parte desta obra poderá ser reproduzida ou transmitida por qualquer forma e/ou quaisquer meios (eletrônico ou mecânico, incluindo fotocópia e gravação) ou arquivada em qualquer sistema ou banco de dados sem permissão escrita da editora.

Desenhos da capa e do miolo: Jean Augagneur, menos o labirinto (p. 13), o nó tibetano (p. 33), a mandala (p. 39) e as roseiras-bravas (p. 22 e 48), que foram retrabalhados ou realizados por Barbara Dobbs. As flores foram tiradas de *Les harmonisants émotionnels do Dr Bach*, de Barbara Dobbs (Romont: Recto-Verseau, 2006).

CONSELHO EDITORIAL
Diretor
Volney J. Berkenbrock

ISBN 978-85-326-4008-6 (Brasil)

ISBN 978-288353-711-8 (Suíça)

Editores
Aline dos Santos Carneiro
Edrian Josué Pasini
Marilac Loraine Oleniki
Welder Lancieri Marchini

Este livro foi composto e impresso pela Editora Vozes Ltda.

Dados Internacionais de Catalogação na Publicação (CIP)
(Câmara Brasileira do Livro, SP, Brasil)

Poletti, Rosette
    Caderno de exercícios para aumentar a autoestima / Rosette Poletti ; ilustrações de Jean Augagneur ; tradução de Stephania Matousek. 4. ed. — Petrópolis, RJ : Vozes, 2013. — (Coleção Cadernos — Praticando o Bem-estar)

    Título original: Petit cahier d'exercices d'estime de soi

    12ª reimpressão, 2023.

    ISBN 978-85-326-4008-6

    1. Autoestima I. Dobbs, Barbara. II. Matousek, Stephania. III. Título. IV. Série.

10-02534   CDD-158.1

Índices para catálogo sistemático:
1. Autoestima : Psicologia aplicada   158.1

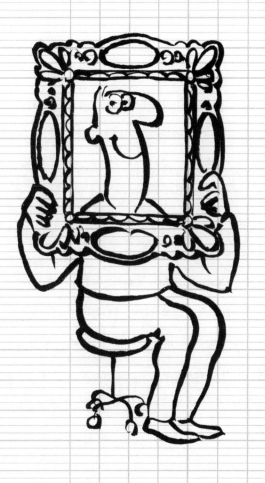

O título deste caderno chamou a sua atenção... seja bem-vindo! A autoestima é uma das fontes essenciais da alegria de viver, pois permite que você se aceite, ame a si mesmo e possa amar os outros. Ela pode ser ampliada ao longo da vida inteira. Por isso, propomos a você começar imediatamente.

Você se encontra aí, numa parte qualquer do globo terrestre. É um ser humano dentre bilhões de outros! No entanto, você é único, insubstituível! Isso porque nunca existiu uma outra pessoa exatamente igual a você, com as mesmas experiências de vida, as mesmas competências e o mesmo patrimônio genético.

Isso significa que a sua vida é incrivelmente valiosa! Somente você pode vivê-la e oferecer ao universo tudo o que você é e sabe.

Para poder ser tudo o que você é, bem como oferecer ao planeta tudo o que pode oferecer, você deve dispor de uma boa autoestima, a fim de ser capaz de manifestar tudo o que se esconde dentro de si mesmo.

É para ajudá-lo a desenvolver esta autoestima tão essencial que este caderno foi elaborado.

Tenha-o sempre à mão, faça os exercícios sugeridos. Acima de tudo, desejamos que você sinta prazer ao fazê-los!

A autoestima

Em todo o universo não existe ninguém que seja exatamente igual a mim. Eu sou eu e tudo o que eu sou é único. Eu sou responsável por mim mesma, tenho tudo aquilo de que preciso aqui e agora para viver plenamente. Posso optar por manifestar o melhor de mim mesma, escolher amar, ser competente, descobrir um sentido para a minha vida e uma ordem para o universo, posso decidir me desenvolver, crescer e viver em harmonia comigo mesma, com os outros e com Deus. Sou digna de ser aceita e amada exatamente como eu sou, aqui e agora. Eu me amo e me aceito, escolho viver plenamente logo a partir de hoje.

Virginia Satir

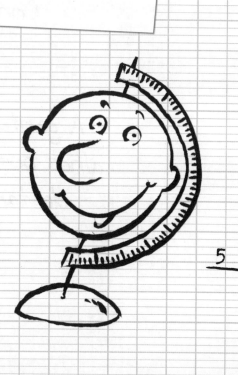

Autoestima
Autoconfiança
Autoafirmação
Autoimagem
Eu ideal
Conceito de si
? ? ?

A gente acaba trocando
alhos por bugalhos no meio
de tantas expressões!

Breves definições para tornar tudo mais claro!

• **A autoestima**
É o resultado da visão que uma pessoa tem de si mesma: de sua aparência física, habilidades, realizações profissionais e pessoais, da riqueza de sua vida afetiva. O sucesso em uma ou em várias destas áreas não garante a autoestima. Ela emana de um equilíbrio entre estes diferentes aspectos. A autoestima é uma moeda frágil e instável, que aumenta quando respeitamos os nossos próprios valores e diminui toda vez que o nosso comportamento os contradiz.

- **A autoconfiança**

Ela existe no espírito da pessoa que prevê, de modo realista e pontual, que os recursos necessários para encarar um tipo específico de situação se encontram disponíveis.

- **A autoafirmação**

É a capacidade de assumir o seu lugar com benevolência e firmeza em meio aos outros, de se comunicar com clareza, aceitar e recusar.

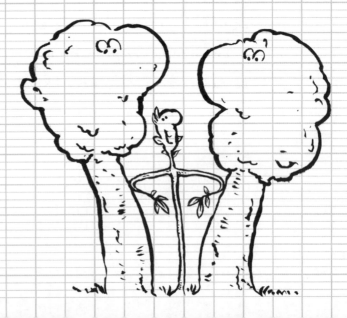

- **A autoimagem**

  É o que a pessoa percebe de si mesma.

- **O eu ideal**

  É o que a pessoa gostaria de ser.

- **O conceito de si**

  É a visão global: a autoimagem, o eu ideal e a autoestima.

Alguns escritores já resumiram o que é a autoestima em duas grandes ideias:
- é a percepção de uma habilidade pessoal;
- é a íntima convicção de possuir valor enquanto pessoa.

Esta autoestima exige que você possa:
- aceitar-se a si mesmo do jeito como você é;
- controlar as suas emoções;
- negociar com os outros;
- encarar os conflitos;
- aceitar o que existe (a realidade);
- afirmar-se diante dos outros;
- ter confiança em si mesmo.

Qual é o seu nível de autoestima?

1) Eu me aceito enquanto pessoa.
☐ Nunca ☐ Às vezes ☐ Com frequência ☐ Sempre

2) Eu tenho confiança em mim mesmo(a).
☐ Nunca ☐ Às vezes ☐ Com frequência ☐ Sempre

3) Eu sei me afirmar.
☐ Nunca ☐ Às vezes ☐ Com frequência ☐ Sempre

4) Sou amado(a) pela maioria das pessoas.
☐ Nunca ☐ Às vezes ☐ Com frequência ☐ Sempre

5) Consigo me expressar facilmente num grupo.
☐ Nunca ☐ Às vezes ☐ Com frequência ☐ Sempre

6) Mereço ser feliz.
☐ Nunca ☐ Às vezes ☐ Com frequência ☐ Sempre

7) Acho que a minha opinião é tão importante quanto a dos outros.
☐ Nunca ☐ Às vezes ☐ Com frequência ☐ Sempre

8) "Errar é humano": esta frase lhe vem à cabeça quando acontece de você se enganar?
☐ Nunca ☐ Às vezes ☐ Com frequência ☐ Sempre

9) Você acha fácil receber uma crítica fundamentada?
☐ Nunca ☐ Às vezes ☐ Com frequência ☐ Sempre

10) Você é capaz de dizer a um outro adulto que você não aceita o seu comportamento com relação a você?
☐ Nunca ☐ Às vezes ☐ Com frequência ☐ Sempre

11) Quando uma relação se torna insuportável, você é capaz de terminá-la?
☐ Nunca ☐ Às vezes ☐ Com frequência ☐ Sempre

12) Você sabe dizer não quando necessário?
☐ Nunca ☐ Às vezes ☐ Com frequência ☐ Sempre

Para cada « **sempre** » marcado, serão **3 pontos** (36 pontos ao todo).

Para cada « **com frequência** » marcado, serão **2 pontos**.

Para cada « **às vezes** » marcado, você ganhará **1 ponto**.

Se você tiver marcado « **nunca** », não ganhará **ponto**.

Resultados:

De 0 a 15 pontos : Você ainda tem de ultrapassar alguns obstáculos, mas vai ganhar novos pontos ao se exercitar com este caderno. A sua vida vai ficar mais fácil!

De 16 a 25 pontos : Você está no caminho certo. Ainda falta desenvolver alguns pontos importantes.

De 26 a 36 pontos : Você já tem uma autoestima « respeitável »! Ao descobrir em que aspectos é possível progredir, você terá cada vez mais prazer em conviver com os outros.

Para relaxar, sugerimos que você descanse percorrendo, com a ponta de um lápis, o labirinto da Catedral de Nossa Senhora de Amiens (França). Siga as linhas pretas.

Como se constrói a autoestima

É em contato com os outros que ela se constrói: primeiro com os pais, depois com a família, os amigos, os professores... Todos, de uma maneira ou de outra, influenciam a percepção que a pessoa tem de si mesma.

Quando se chega à idade adulta, o ambiente desempenha um papel importante, juntando-se às influências recebidas na infância, assim como os êxitos, erros ou fracassos.

- Quem participou da construção da sua autoestima? Desenhe as pessoas significativas que lhe tenham transmitido mensagens positivas das quais você se lembra. Escreva as suas mensagens na ponta dos raios! Por exemplo, Tio Paulo: « Você tem tudo pra vencer na vida! »

- Quem lhe transmitiu mensagens negativas, destrutivas para a sua autoestima?

Desenhe estas pessoas e escreva as suas mensagens na ponta dos raios. Por exemplo, minha primeira professora, a Tia Maria, que vivia me dizendo: « Você é meio tonto, né? »

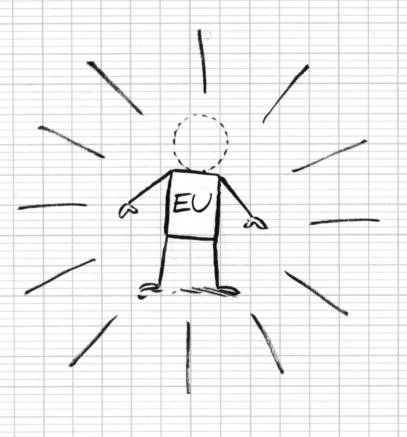

· Agora, rabisque estas mensagens destrutivas com uma caneta hidrográfica bem grossa. E, nesta página, escreva mensagens positivas para substituir cada mensagem negativa. Por exemplo: « Você é uma criança muito esperta! Adoro lhe ensinar tal ou tal matéria! » Como a Tia Maria já deve ter se aposentado há muito tempo, você pode modificar as suas palavras como bem entender!

...

...

...

...

...

...

...

...

...

...

...

...

Dependendo das mensagens recebidas daqueles que o(a) criaram e dos seus professores, você terá uma percepção negativa de si mesmo(a), pois as mensagens precoces ficam gravadas no íntimo do ser humano e se tornam o seu diálogo interior.

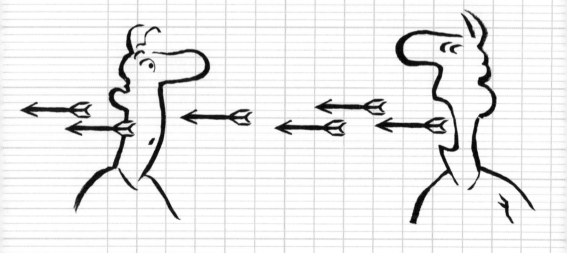

Como é a sua percepção de si mesmo(a)?

1) As críticas dos outros magoam você?

☐ sim ☐ não

2) Você teme novas experiências?

☐ sim ☐ não

3) Comenta os seus êxitos pessoais com os outros?

☐ sim ☐ não

4) Tenta responsabilizar os outros pelos seus erros?

☐ sim ☐ não

5) Tende a ser tímido(a) ou agressivo(a) demais?

☐ sim ☐ não

6) Busca esconder o que está sentindo?

☐ sim ☐ não

7) Tem vergonha de sua aparência física?

☐ sim ☐ não

8) Sente-se tranquilizado(a) quando os outros fracassam?

☐ sim ☐ não

9) Sente-se à vontade nas relações íntimas com os outros?

☐ sim ☐ não

10) Inventa desculpas para não mudar?

☐ sim ☐ não

Se você tiver respondido **sim** à maioria das perguntas acima, convém melhorar a sua percepção de si mesmo(a).

Como se adquire uma baixa autoestima?

Ao contrário do que se pensa normalmente, não é dizendo a uma criança que ela é maravilhosa que ela adquirirá uma boa autoestima. O autocontrole e a disciplina também são fundamentais para a autoestima.

Dentre os elementos que atrapalham a construção da autoestima, é bom citar:

- a superproteção dos pais, avós, irmãos mais velhos;
- as palavras que magoam;
- o excesso de liberdade;
- as críticas constantes;
- o desânimo e a desistência diante das dificuldades;
- as expectativas altas ou baixas demais;
- a disciplina inconstante;
- as agressões físicas;
- o fracasso escolar.

Você viveu em sua infância algum desses elementos citados? Quais?

...

...

...

...

> O importante não é aquilo que fazem de nós, mas sim o que nós próprios fazemos com aquilo que fizeram de nós.
>
> Jean-Paul Sartre

Se você adquiriu elementos perturbadores durante a construção de sua autoestima, o que fez com eles?
- Você conseguiu usar isso para aumentar a sua compreensão dos outros, perdoar os seus pais ou empreender alguma outra iniciativa?

...

...

...

...

...

21

Esta roseira-brava que está desabrochando livremente é um símbolo da autoestima. Reserve um tempo para colorir essas flores!

Ou ser você mesmo(a)

Dependendo da intensidade dos distúrbios vividos ao longo da educação, pode acontecer que uma pessoa tente esconder das outras quem ela é, por medo de não ser aceita. Também pode acontecer que ela não saiba exatamente quem ela é.
Um maior conhecimento de si mesmo facilita a relação com os outros e melhora a autoestima.

Nos anos de 1960, dois pesquisadores, Joseph e Harry, criaram um gráfico que eles chamaram de Janela de Johari. Esse gráfico representa a evolução da comunicação entre duas pessoas. Ele também pode ser bastante útil para observar a evolução da autoestima.

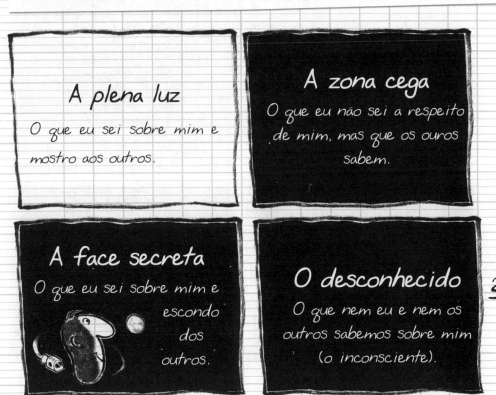

A plena luz
O que eu sei sobre mim e mostro aos outros.

A zona cega
O que eu não sei a respeito de mim, mas que os ouros sabem.

A face secreta
O que eu sei sobre mim e escondo dos outros.

O desconhecido
O que nem eu e nem os outros sabemos sobre mim (o inconsciente).

Quando desenvolvemos a nossa autoestima, podemos aumentar a abertura do quadrante da « **face secreta** ». Isto é possível porque aumentamos a confiança em nós mesmos e nos outros.

A « **zona cega** » diminui, pois a abertura aos outros e às suas opiniões aumentam o autoconhecimento.

Pode ser também que o « **desconhecido** » diminua porque o inconsciente talvez tenha encontrado meios de se expressar.

A plena luz
O que você mostra de si mesmo(a) aos outros?

A zona cega
Como você poderia questionar as pessoas que o(a) conhecem sobre o que elas veem de você?

A face secreta
Que aspectos secretos de si mesmo(a) você gostaria de revelar aos outros?

O desconhecido
O que os seus sonhos dizem? Você os anota?

A autoestima e a relação com os outros (posições existenciais)

Éric Berne, fundador da Análise Transacional, em colaboração com Franklin Ernst, descreve quatro abordagens que permitem compreender a maneira como nos situamos diante dos outros e que constitui o reflexo imediato do nosso nível de autoestima.

Ele chama estas abordagens de « *posições existenciais* ».
Elas dependem das imagens que alimentamos de nós mesmos, dos outros e das relações que mantemos com eles.

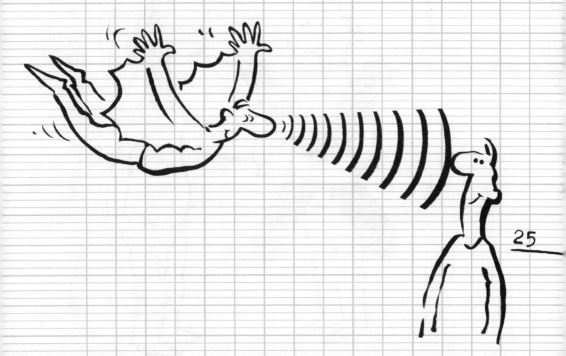

Existem quatro posições existenciais: três delas revelam distúrbios da autoestima:

1. Eu não me aceito, mas aceito os outros (− +)

Esta posição é o resultado de dificuldades na infância: educação excessivamente liberal e superprotetora ou rígida e exigente demais. Ao chegar à idade adulta, esta pessoa não tem confiança em si mesma nem nos outros. Ela os admira e se acha incapaz de fazer o que eles fazem. Encontra-se frequentemente angustiada e às vezes depressiva.

2. Eu me aceito, mas não aceito os outros (+ −)

Se uma criança não tiver recebido a segurança e o apoio necessários a um crescimento equilibrado, se ela tiver tido de « lutar para vencer », ela pode se tornar dura e ter tendência a desprezar os outros quando for adulta. Isto também pode ocorrer se os pais não tiverem imposto limites de forma atenciosa e firme. Ela cresce então « sem fé nem lei » e acaba tratando os outros como se eles fossem seus escravos e estivessem a seu serviço. Este comportamento pode parecer « uma alta autoestima » à primeira vista, o que não é o caso de maneira alguma. Trata-se de uma atitude que revela um profundo distúrbio da autoestima.

3. Eu não me aceito e não aceito os outros (- -)

Esta posição reflete uma séria carência de autoestima. « De que adianta? », « De qualquer forma, a gente vai se dar mal! », « Nem vale a pena tentar! », « São todos uns idiotas! »

Estas pessoas alimentam dentro de si uma imensa raiva do mundo inteiro. Elas não veem sentido algum em suas vidas. Este comportamento pode parecer « uma alta autoestima » à primeira vista, o que não é o caso de maneira alguma. Trata-se de uma atitude que revela um profundo distúrbio da autoestima.

4. Eu me aceito, reconheço o meu valor e aceito os outros reconhecendo o valor deles (+ +)

Estas pessoas têm uma boa autoestima. O diálogo interior delas é positivo. Diante de um novo desafio, a « vozinha » interior diz: « Você vai conseguir, você possui as competências necessárias, vá em frente! »

Os que se colocam nesta posição podem viver plenamente, aceitando-se a si mesmo com o seu lado obscuro e o seu lado luminoso e sendo capazes de abertura, escuta e realismo.

Quais são as suas posições existenciais predominantes?

Circule a sua resposta em cada uma das 8 perguntas:

Autodiagnóstico das posições existenciais

Sobre cada um dos 8 temas de vida profissional abaixo, atribua pontos de 0 a 10 em função da frequência com a qual você age da forma descrita.

1. Estilo de comando
   a) Eu me justifico, eu me defendo, às vezes critico, às vezes me protejo.
   b) Uso o controle e a persuasão. Não hesito em pressionar.
   c) Ajudo as pessoas. Minha simpatia me ajuda a ser aceito(a).
   d) Informo os outros, dou-lhes a chance de se explicarem, nós analisamos juntos os problemas e as oportunidades.

2. Abordagem dos problemas
   a) Tento esquivá-los, dou um jeito de me sair bem.
   b) Respeito os objetivos e faço questão da qualidade da vida no trabalho de cada um.
   c) Eu me preocupo sobretudo em satisfazer os objetivos.
   d) Tento sempre fazer com que todos fiquem satisfeitos.

---

1 Teste tirado de *Analyse Transactionnelle et relations de travail*, de Dominique Chalvin et al., Paris: ESF, 1979.

3) Atitude face às regras

a) Para mim, regra é regra e ponto-final.
b) Considero as regras como coisas boas. Insisto sempre para que elas sejam respeitadas.
c) Trata-se de regras de conduta. Elas são úteis, mas não devemos ser prisioneiros delas.
d) Acho que todos nós devemos nos esforçar para segui-las.

4) Visão dos conflitos

a) Os conflitos podem ser úteis. Com frequência, aprendemos uma lição com eles.
b) Não gosto de conflitos, eles prejudicam uma relação.
c) Acho que é preciso pensar primeiro no trabalho, e não tentar reconstruir o mundo.
d) Não me interessam.

5) Reação à raiva

a) Não gosto de me confrontar com a raiva, é muito desagradável para mim.
b) Acabo ficando mal-humorado(a) e desconfiado(a).
c) Neste tipo de situação, provoco uma boa briga.
d) Fico com raiva de quem se permite explodir e depois guardo rancor.

6) Atitude com relação ao superior hierárquico

a) Enxergo bem os seus pontos fracos, critico ou manipulo.
b) Dou o melhor de mim e espero ser valorizado(a).
c) Cada um com o seu trabalho.
d) A gente conversa, troca ideias, negocia.

7) Humor

a) Faço as pessoas rirem às minhas custas.
b) Uso a ironia desiludida.
c) Sei dizer a frase que quebra o gelo e relaxa as pessoas.
d) Meu humor é cáustico e mordaz.

8) Atitude de base

a) Vou fazer você seguir em frente!
b) Sigo em frente com você!
c) Se não tem outro jeito, vamos nessa!
d) Pouco me importa, posso ir a qualquer lugar!

Resultados

	Posições existenciais			
	+ +	+ −	− +	− −
1. Estilo de comamdo	d__	b__	c__	a__
2. Abordagem dos problemas	b__	c__	d__	a__
3. Atitude face às regras	c__	b__	d__	a__
4. Visão dos conflitos	a__	c__	b__	d__
5. Reação à raiva	c__	d__	a__	b__
6. Atitude com relação ao superior hierárquico	d__	a__	b__	c__
7. Humor	c__	d__	a__	b__
8. Atitude de base	b__	a__	c__	d__
Total de pontos	__	__	__	__

Em geral, temos uma posição predominante e uma segunda posição que adotamos em situação de estresse.

Para relaxar um instante, coloque-se numa postura confor-
tável e deixe o seu olhar vagar no centro deste nó tibetano
infinito.

A autoestima e a procrastinação

Um outro aspecto da vida que envolve a autoestima é o que chamamos de « **procrastinação** », ou seja, a tendência em deixar para o dia seguinte o que se pode fazer hoje mesmo.

Os pesquisadores contemporâneos do campo da autoestima enfatizam que a capacidade de se controlar e a autodisciplina constituem fatores que favorecem uma boa autoestima.

A procrastinação nasce de uma falta de autodisciplina. Assim, se você fizer imediatamente o que tem a fazer, a sua autoestima vai aumentar.

Você é um(a) « procrastinador(a) »? Para saber, faça o seguinte teste:

Marque um X no que descreve melhor o que você sente e faz

	Nem um pouco 0	Às vezes 1	Com moderação 2	Muito 3
1) Com frequência penso comigo mesmo(a) que só vou fazer tal coisa quando tiver vontade.				
2) Irrito-me quando as coisas se mostram difíceis.				
3) Adio os prazos quando não estou com vontade de trabalhar.				
4) Prefiro nada fazer a fracassar.				
5) Sou muito crítico(a) com relação a tudo o que faço.				
6) Nunca fico orgulhoso(a) dos meus resultados.				
7) Temo não obter sucesso.				
8) Sinto-me culpado(a) quando penso em tudo o que deveria fazer!				
9) Nunca tenho vontade de fazer as coisas que tenho a fazer.				
10) Detesto as pessoas que tentam me controlar e me dizer o que devo fazer.				
Total				

Se tiver obtido mais de **15 pontos**, isso significa que você « procrastina », e a sua autoestima pode ser prejudicada por isso. Então, tome coragem, não deixe para amanhã o que pode realizar hoje.

<u>Como bloquear a procrastinação?</u>

· Colocando a mão na massa! Não espere ter ânimo para começar, ele virá à medida que você progredir no seu projeto.

· Faça um plano.
- Quando você vai começar?
- Por onde você vai começar?

- Divida a tarefa em pequenas etapas de 15-20 minutos e vá em frente!

- Pense positivo. Identifique as frases negativas que você se diz e substitua-as por afirmações positivas. Por exemplo, em vez de:

« Ai, ai... Não estou com a menor vontade de fazer isto! »,

diga:

« Vou colocar a mão na massa durante 20 minutos, hoje estou me sentindo cheio(a) de energia! »

- Reconheça o seu esforço e parabenize-se interiormente.

Um pequeno teste

Indique na coluna da esquerda as 5 coisas que você mais tem tendência a deixar para o dia seguinte. Depois, na coluna da direita, os 5 medos que o(a) impedem de realizá-las:

1.	1.
2.	2.
3.	3.
4.	4.
5.	5.

A palavra **MEDO** é soletrada assim:

Mania de
Engenhar uma
Desculpa para não
Obrar

Autor desconhecido

Chega de hesitação! Proporcione-se o prazer de colorir esta
mandala.

A autoestima e a maneira de pensar

Os recentes progressos da psicologia demonstram a importância da maneira de pensar. Eis alguns exemplos:

• **Utilizar um filtro mental** que consiste em permanecer « fixado » a tudo o que é negativo, ignorando os aspectos positivos, e em desvalorizar o positivo.

Exemplo:
« Como foi a sua festa domingo?
— Horrível! Choveu, a minha carne assada ficou cozida demais, eles não gostaram da sobremesa que eu tinha feito, um completo "fiasco!" »
Na verdade, houve uma chuva passageira, ninguém reclamou da carne, e um dos convidados não comeu a sobremesa, porque não gosta de pratos doces no final da refeição.

- Empregar termos como « deveria, não deveria, deve, é preciso ». Estas expressões passam a impressão de ser controlado pelo exterior, ao passo que termos como « eu decido, eu escolho » aumentam a autoestima.

- Colar uma etiqueta.

Em vez de dizer: « Cometi um erro », tratar-se de idiota ou de zero à esquerda.

- Culpar.

« É minha culpa, eu deveria ter imaginado que iria chover! É por minha causa, sou um 'pé frio', tenho azar em tudo o que faço! »

Ou então culpar os outros sem perceber que também temos a nossa parte de responsabilidade no problema.

« Tudo isto é culpa dos meus pais, eles não me deram o amor de que eu precisava! »

- Encarnar o papel de vítima.

« Não fui eu, é por causa deles, é culpa deles, eu não podia agir de outra forma, afinal é normal beber um pouco demais numa festa de casamento... », etc.

Uma boa autoestima é incompatível com um papel de vítima!

A boa notícia é que a maneira de pensar pode ser modificada e que, desta forma, a autoestima pode ser melhorada! Trata-se de ver as situações de modo global com os aspectos positivos e negativos e de se concentrar naqueles que são positivos, escolher as palavras que dizemos, assumir as responsabilidades em vez de se culpar ou culpar os outros, evitar tirar conclusões precipitadas e considerar as situações de forma tão objetiva quanto possível.

> Trata-se de aprender as suas línguas interiores. Uma grande parte da nossa existência se passa dentro de nós, conosco mesmos. Então é melhor explorar o terreno e tirar o melhor partido!
>
> Jean-Louis Servan-Schreiber

Identifique as frases negativas que fazem parte do seu repertório cotidiano e escreva-as na nuvem abaixo! Por exemplo: « Estou de saco cheio! »

Risque cada uma destas frases negativas com uma caneta hidrográfica vermelha.

Transforme essas frases negativas, originadas pela sua maneira de pensar e perceber o mundo, em frases positivas. Escreva-as na nuvem ao lado com uma caneta hidrográfica verde.

43

A autoestima é antes de tudo uma questão de percepção e interpretação da realidade.

Acontecimento presente

Percepção e **interpretação** deste acontecimento

Sentimentos relativos ao acontecimento
(Eles estão muito mais ligados à sua interpretação do que ao acontecimento propriamente dito!)

Comportamento, ações
(Eles são, em parte, uma resposta aos sentimentos!)

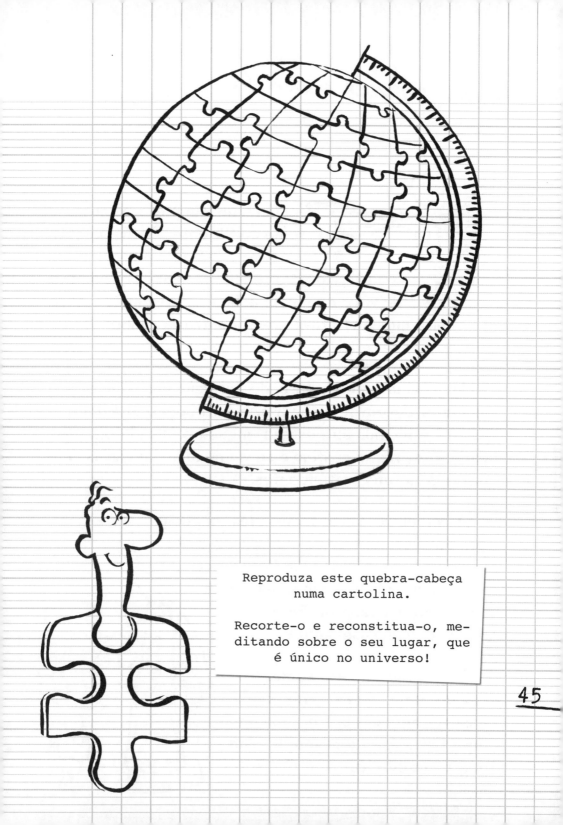

Reproduza este quebra-cabeça numa cartolina.

Recorte-o e reconstitua-o, meditando sobre o seu lugar, que é único no universo!

Ouse ser você mesmo(a)

Um pequeno conto para variar!

Tang era um simples operário no reino do Oriente. Ele trabalhava o cobre e fabricava magníficos utensílios que vendia no mercado. Gostava de viver e tinha uma boa autoestima. A única coisa que lhe faltava era encontrar a mulher da sua vida.

Um dia, um mensageiro do rei veio anunciar que o monarca desejava casar a princesa com o homem que tivesse a melhor autoestima em seu reino. No dia marcado, Tang foi ao castelo e se viu no meio de várias centenas de jovens pretendentes.

O rei olhou para todos eles e pediu que um dos seus cortesãos desse cinco sementes de flores a cada um deles. Depois, mandou-os voltar na primavera com um vaso de flores originadas daquelas sementes.

Tang plantou as sementes, cuidou bem delas, mas nada nasceu, nenhum broto, nenhuma flor. Na data combinada, Tang pegou o seu vaso sem flor e foi

ao castelo. Centenas de outros pretendentes carregavam vasos cheios de flores maravilhosas e zombavam de Tang com seu vaso de terra sem flor.

Então, o rei pediu que cada um passasse diante dele e mostrasse o seu vaso. Quando chegou sua vez, Tang, um pouco intimidado diante do rei, disse: "Nenhuma semente germinou, Vossa Majestade". O rei respondeu: "Tang, fique aqui perto de mim!"

Quando todos os pretendentes terminaram, o rei mandou todos embora, menos Tang. Ele anunciou a todo o reino que Tang e a princesa se casariam no verão seguinte. Foi uma festa extraordinária! Tang e a princesa ficaram cada vez mais apaixonados. Eles viviam muito felizes.

Um dia, Tang perguntou ao rei, seu sogro: "Vossa Majestade, por que eu fui escolhido para ser o vosso genro, já que as minhas sementes não tinham rebentado?", "Porque elas não podiam rebentar, eu as tinha fervido durante uma noite inteira! Assim, você foi o único que teve estima suficiente de si mesmo e dos outros para ser honesto! Era este homem que eu queria como genro!"

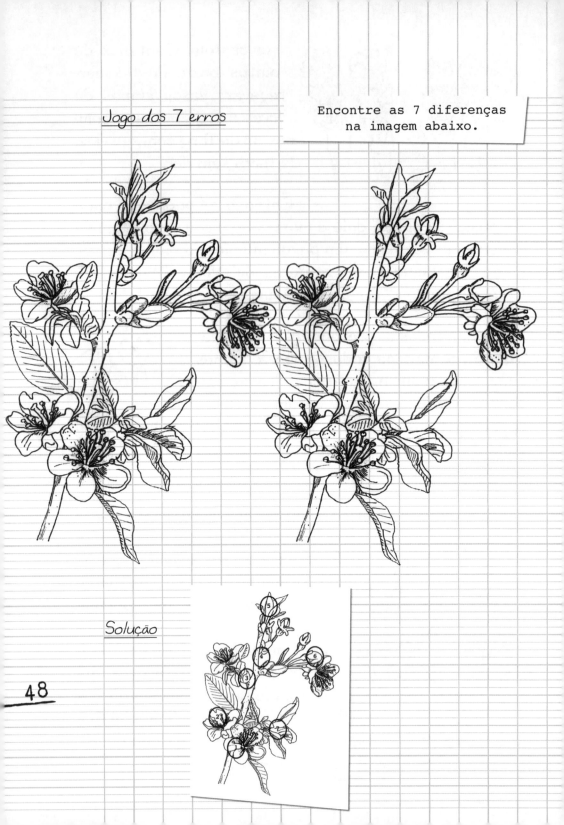

Aumente a sua autoestima

Quando entendemos como a autoestima se constrói e medimos o que pode ser feito para modificá-la, é preciso seguir em frente assumindo a responsabilidade da mudança que desejamos efetuar.

É óbvio que os nossos pais, educadores e professores nos forneceram elementos importantes positiva ou negativamente. Todavia, já que somos adultos hoje, cabe a nós e somente a nós a decisão e o comando da mudança. Assim, trata-se de:

- Reforçar dentro de si a convicção de que você tem valor enquanto pessoa.

— Lançando um olhar positivo sobre si mesmo(a). Para ajudar, faça o seguinte exercício: escreva aqui 5 qualidades que o descrevem:

1.
2.
3.
4.
5.

- Que qualidades os seus amigos reconhecem em você?

1.

2.

3.

4.

5.

- Dentre as qualidades que você anotou, qual delas contribui mais para a sua autoestima?

...

- Descreva uma situação ou um momento da sua vida em que você sentiu orgulho de si mesmo(a):

...

...

...

...

- Qual é a mensagem mais positiva que os seus pais ou as pessoas que o(a) criaram lhe transmitiram?

...

...

...

- *Qual você acha que é a sua contribuição inigualável à humanidade?*

...

...

...

...

- *Como gostaria que as pessoas se lembrassem de você, depois de deixar este mundo?*

...

...

...

...

· Abandonar o perfeccionismo com relação a si mesmo e aos outros, dizendo-se:

« *Tenho o direito de fazer bem as coisas, mas ninguém está me pedindo para ser perfeito(a)!* »

· Dar atenção aos laços amicais e familiais, cultivando suas relações com as pessoas afetivamente importantes.

- Aprender a se comunicar de maneira clara e aberta com os outros.
    - Quantas pessoas próximas a você o(a) compreendem e são dignas da sua total confiança? Escreva o nome delas na ponta dos raios.

- Reconhecer os elementos mais consideráveis do seu diálogo interior.

   - Quando você erra o seu caminho, "o que você se diz"?

   ...

   ...

   ...

   ...

   - Se alguém lhe escreve fazendo-lhe um elogio e agradecendo, "o que você se diz"?

   ...

   ...

   ...

   ...

   - Alguém lhe pede um favor e, embora você não esteja com muita vontade de responder sim, acaba aceitando. "O que você se diz" a respeito de si mesmo(a)?

   ...

   ...

   ...

   ...

– Você acordou atrasado(a), pois o seu despertador não tocou. "O que você se diz" a respeito de si mesmo(a)?

...

...

...

...

...

– Você deve realizar um exame médico e esperar os resultados. "O que você se diz"?

...

...

...

...

...

– Você está experimentando um novo vestido ou casaco. "O que você se diz"?

...

...

...

...

...

– Um(a) grande amigo(a) se esquece do seu aniversário. "O que você se diz"?

...

...

...

...

...

– O seu filho pequeno ou adolescente responde maldosamente. "O que você se diz" a respeito de si mesmo(a)?

...

...

...

...

...

– O seu diálogo interior é mais positivo ou negativo? Como você poderia modificá-lo?

...

...

...

...

- Honrar os seus próprios valores.

    Esta atitude supõe antes identificá-los e depois afirmá-los!

    Arrume uma posição confortável e concentre-se na sua respiração.

    Diga mentalmente, várias vezes:

« Inspiro, sinto a calma, expiro, estou bem... »

Quando você estiver bem relaxado(a), pense num valor bem importante, o qual você sempre busca encarnar na sua vida pessoal.

Visualize este valor.

Agora, visualize-o dentro de si.

Veja como você tenta vivê-lo na prática.

Pense numa situação em que você o tenha vivenciado.

Sinta o mesmo bem-estar experimentado naquela ocasião.

Tome consciência da sua capacidade de concretizar este valor.

Parabenize-se por conseguir isto.

Depois, volte lentamente à sua respiração normal.

E abra os olhos.

Você pode fazer o mesmo exercício com um outro valor e num outro momento.

Ouse ter orgulho de si mesmo(a)!

- Reforçar a convicção de que você dispõe das competências necessárias para encarar a vida:

    – enfrentando as mudanças, em vez de recusá-las;

    – encarando os conflitos, em vez de evitá-los;

    – assumindo riscos calculados, em vez de preferir unicamente a segurança;

    – recusando a procrastinação, fazendo hoje o que pode ser feito hoje;

    – identificando as suas próprias forças e recursos.

Escreva 10 forças pessoais que você reconhece possuir:

1.

2.

3.

4.

5.

6.

7.

8.

9.

10.

Que afirmações positivas você poderia escrever para se estimular? Elas devem ser curtas, positivas e começar por « Eu... ».

Por exemplo: « **Eu sei controlar o estresse com calma** ».

...

...

...

...

...

Quais são os seus principais recursos interiores ou exteriores?

...

...

...

...

...

O que quase sempre dá certo para você?

...

...

...

...

Enumere alguns êxitos da sua vida (dos quais você participou ativamente):

...

...

...

...

...

> *Você se torna o que pensa,*
> *você se torna o que vê,*
> *você se torna o que escuta,*
> *você se torna o que ama.*
>
> Rosette Poletti

Recorte as afirmações abaixo e escolha uma a cada dia.

Hoje, eu vou aceitar o que existe	Hoje, eu vou perdoar	Hoje, eu vou me desapegar das minhas resistências
Hoje, eu vou ter confiança	Hoje, eu vou agradecer alguém	Hoje, eu vou me desapegar da dúvida
Hoje, eu vou confiar em mim mesmo(a)	Hoje, eu vou ficar aberto(a) ao que está por vir	Hoje, eu vou dizer sim
Hoje, eu não vou culpar ninguém	Hoje, eu vou me livrar de tudo o que é inútil	Hoje, eu vou me conceder uma nova liberdade
Hoje, eu vou me desapegar de uma regra inútil	Hoje, eu vou aceitar ser imperfeito(a)	Hoje, eu vou dar sem esperar nada em troca
Hoje, eu vou me concentrar no amor	**Hoje é um belo dia para estar vivo(a)**	Hoje é o único dia que conta

Conclusão

Esperamos que, ao longo dessas páginas, exercícios e reflexões propostos neste pequeno caderno de exercícios de autoestima, você tenha progredido e aceitado o nosso convite de se tornar plenamente o que pode ser, oferecendo à comunidade humana a peça de quebra-cabeça indispensável que representa cada destino de homens e mulheres, ou seja, a sua.

Ser tudo o que se pode ser é o que permite uma autoestima sadia. Trata-se de um projeto para a vida inteira, pois cada novo dia traz desafios a vencer, dificuldades a superar e também alegrias a saborear!

Desejamos boa sorte a todos vocês! A você que está interessado em aumentar a sua autoestima e a estima das pessoas ao seu redor.

Boa viagem!

Rosette Poletti & Barbara Dobbs

Bibliografia

ARKADY, Eva. *Oser être soi*. Genebra: Jouvence, 2002.

DOBBS, Barbara. *Les harmonisants émotionnels do Dr Bach*. Romont: Recto-Verseau, 2006.

NUNGE, Olivier & MORTERA, Simonne. *Développer le meilleur de soi-même*. Genebra: Jouvence, 2000.

POLETTI, Rosette. *Dar sentido à vida*. Petrópolis: Vozes, 2008.

_____. *A autoestima*. Petrópolis: Vozes, 2007.

PRADERVAND, Pierre. *Apprendre à s'aimer*. Genebra: Jouvence, 2006.

_____. *Plus jamais victime*. Genebra: Jouvence, 2001.

Coleção Praticando o Bem-estar
Selecione sua próxima leitura

- Caderno de exercícios para aprender a ser feliz
- Caderno de exercícios para saber desapegar-se
- Caderno de exercícios para aumentar a autoestima
- Caderno de exercícios para superar as crises
- Caderno de exercícios para descobrir os seus talentos ocultos
- Caderno de exercícios de meditação no cotidiano
- Caderno de exercícios para ficar zen em um mundo agitado
- Caderno de exercícios de inteligência emocional
- Caderno de exercícios para cuidar de si mesmo
- Caderno de exercícios para cultivar a alegria de viver no cotidiano
- Caderno de exercícios e dicas para fazer amigos e ampliar suas relações
- Caderno de exercícios para desacelerar quando tudo vai rápido demais
- Caderno de exercícios para aprender a amar-se, amar e - por que não? - ser amado(a)
- Caderno de exercícios para ousar realizar seus sonhos
- Caderno de exercícios para saber maravilhar-se
- Caderno de exercícios para ver tudo cor-de-rosa
- Caderno de exercícios para se afirmar e - enfim - ousar dizer não
- Caderno de exercícios para viver sua raiva de forma positiva
- Caderno de exercícios para se desvencilhar de tudo o que é inútil
- Caderno de exercícios de simplicidade feliz
- Caderno de exercícios para viver livre e parar de se culpar
- Caderno de exercícios dos fabulosos poderes da generosidade
- Caderno de exercícios para aceitar seu próprio corpo
- Caderno de exercícios de gratidão
- Caderno de exercícios para evoluir graças às pessoas difíceis
- Caderno de exercícios de atenção plena
- Caderno de exercícios para fazer casais felizes
- Caderno de exercícios para aliviar as feridas do coração
- Caderno de exercícios de comunicação não verbal
- Caderno de exercícios para se organizar melhor e viver sem estresse
- Caderno de exercícios de eficácia pessoal
- Caderno de exercícios para ousar mudar a sua vida
- Caderno de exercícios para praticar a lei da atração
- Caderno de exercícios para gestão de conflitos
- Caderno de exercícios do perdão segundo o Ho'oponopono
- Caderno de exercícios para atrair felicidade e sucesso
- Caderno de exercícios de Psicologia Positiva
- Caderno de exercícios de Comunicação Não Violenta
- Caderno de exercícios para se libertar de seus medos
- Caderno de exercícios de gentileza
- Caderno de exercícios de Comunicação Não Violenta com as crianças
- Caderno de exercícios de espiritualidade simples como uma xícara de chá
- Caderno de exercícios para praticar o Ho'oponopono
- Caderno de exercícios para convencer facilmente em qualquer situação
- Caderno de exercícios de arteterapia
- Caderno de exercícios para se libertar das relações tóxicas
- Caderno de exercícios para se proteger do Burnout graças à Comunicação Não Violenta
- Caderno de exercícios de escuta profunda de si
- Caderno de exercícios para desenvolver uma mentalidade de ganhador
- Caderno de exercícios para ser sexy, zen e feliz
- Caderno de exercícios para identificar as feridas do coração
- Caderno de exercícios de hipnose
- Caderno de exercícios para sair do jogo vítima, carrasco, salvador
- Caderno de exercícios para superar um fracasso